¡Soy un PAPU!

escrito por **Berta Rubio**
ilustrado por **Edurne Lacunza**

Primera edición: Febrero 2016
© Del texto: Berta Rubio
© De las ilustraciones: Edurne Lacunza
© De la edición: OmniaBooks

ISBN: 978-84-944832-1-9
www.omniabooks.com

¡Soy un PAPU!

"-Mamá, cuando Noa era pequeña, ¿dónde estaba papu?

-Papu no estaba, Uma. Cuando Noa era pequeña mamá vivía con papá.

-Mamá, ¿y yo dónde estaba cuando Noa era pequeña?

-En mi barriga.

-¿¡Con papu!?"

Uma, 3 años.

–¡No, no, papu! Cuando eras pequeño no eras nuestro papu. ¿Cuándo te hiciste papu?

–Ah... pues debió de ser el día que conocí a vuestra madre.

–¡Anda ya! Entonces no eras un papu, eras un amigo de mamá.

–¿Ah, sí? ¡Pues quizá fue el día que os conocí a vosotras!

-¡Jajajaja, que no, que cuando te conocimos eras un amigo que comía mucha pizza!

-¿Mucha? ¡Pero si tú eras un bebé y no puedes acordarte! A ver, déjame pensar… ¿y si fue la primera vez que fuimos juntos de vacaciones?

-Nooooooooo, de vacaciones te hiciste novio de mamá.

-¿Ah, sí? ¿Me hice novio de mamá de vacaciones? ¿Y eso tú cómo lo sabes?

-Me lo dijo Noa.

-Vaya, pues sí que sabe cosas Noa..

-Yo creo que te hiciste papu la primera vez que cambiaste el pañal a Uma.

-¡No, no! ¡La primera vez que nos contaste un cuento para ir a la cama!

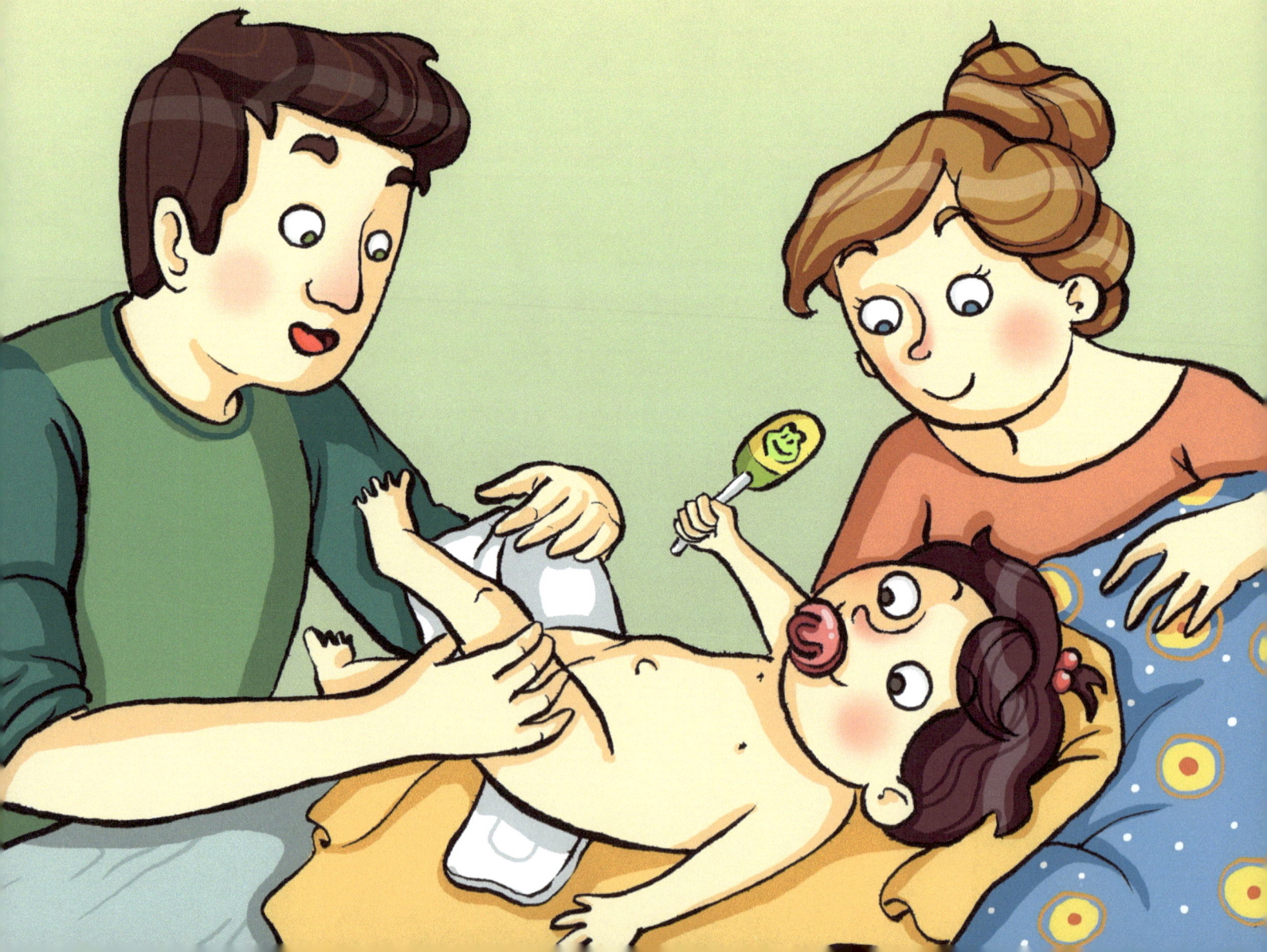

-¿Y si fue la primera vez que me disteis un beso?

-Igual fue el día que me corté un dedo y me pusiste una tirita...

-Noooooo, primero me hice daño yo en la rodilla, ¡primero me la pusiste a mí, la tirita!

-A ver, tranquilas, ¿y si fue el día que ayudé a Noa a hacer los deberes?

-¡Papu! ¡Ya lo sé! ¡Fue el día que te vomité la papilla por encima!

-Puag… ¿Aquel día, en serio? Fue un poco asqueroso aquel día…

Mamáaaaa!!!

-¿Qué pasa? ¿Qué son esos gritos?

-Mamá, ¿qué día se hizo papu papu? ¿Verdad que fue el día que me hice daño y me puso una tirita?

-No, mamá, ¿verdad que fue el día que le vomité encima?

-¡Jajajajaja! Fueron todos estos días, chiquitinas. Y también el día que se emocionó porque Noa sacó muy buenas notas, el que tuvo que regañar a Uma porque saltó del cochecito, y el primer día que jugasteis los tres a peluqueras.

¿Sabéis una cosa? Las mamás y los papás se hacen mamás y papás un poco de golpe, en el momento que descubren que van a ser mamás y papás (como nos pasó a vuestro padre y a mí el día que supimos que tendríamos a Noa). Pero los papus, los papus se hacen despacito…

Un día esperan ansiosos el primer festival de danza, un día salen corriendo de madrugada a comprar jarabe a la farmacia, otro día llaman a papá para enviaros un beso porque os echan de menos, un día ponen una tirita y otro día tienen que regañar un poco porque estáis armando demasiado jaleo.

Y entonces, un día, se miran en el espejo y dicen: ay, esta cara, estos ojos, estas manos... son los de siempre, pero...

OY UN PAPU!!!!!

-¡Oh, qué chuli! ¿Y también podemos tener una mamu?

-Jajajaja, pues es algo que tendréis que preguntar a vuestro padre, pero eso ya es otra historia y ahora es hora de acostarse. Buenas noches, chiquitinas.

-Buenas noches, mami. Buenas noches, papu.,

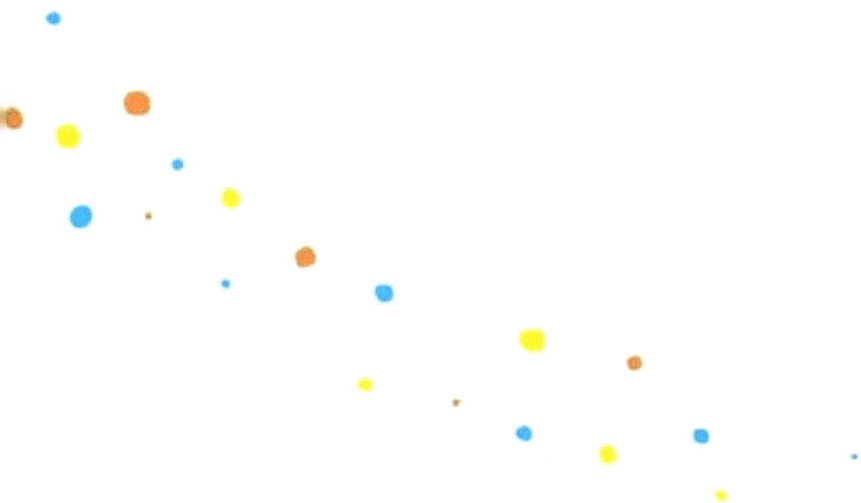

www.ingramcontent.com/pod-product-compliance
Lightning Source LLC
Chambersburg PA
CBHW042120040426
42449CB00002B/118